Mucche!

Il Mio Primo Libro

JENNY KELLETT

SOFIA ARBORIO

**Scansiona
qui per vedere
altri libri!**

www.bellanovabooks.com/it

Stampa: Bellanova Books

Traduzione di Sofia Arborio

Mi chiamo...

Ciao!
Sono
Carlotta
la
mucca.

Le mucche vivono
nelle fattorie di
tutto il mondo.
Riesci a vedermi nella
fattoria?

Le mucche hanno un olfatto incredibile e riescono a percepire gli odori fino a 10 chilometri di distanza!
Riesci a toccarti il naso?

Cosa ha un buon odore?

Puoi indicare 3 cose della fattoria
che hanno un buon odore?

Le mucche possono avere diversi colori,
come il nero, il bianco o il marrone.
Alcune hanno persino una lunga pelliccia
per proteggersi dal freddo!

Trova l'intruso!
Quale tra queste non
è una mucca?
Riesci a dare un
nome all'intruso?

Riesci a contare le mie corna? Uno, due...
Alcune mucche hanno le corna!

Le mucche usano le corna per proteggere se stesse e i loro vitelli dai pericoli.
Le usano anche per mostrare chi è il capo della mandria!

Mmm, buonissimo!
Le mucche amano mangiare il fieno e l'erba.

Riesci a tracciare una linea dalla mucca ai suoi cibi preferiti?

Adoro stare con i miei amici!
Le mucche hanno molti amici.

Le mie attività preferite...

Dormire

Pascolare

Indica le immagini di ciò che piace fare anche a te!

Esplorare

Stare con gli amici

Moo!!!
Le mucche parlano tra loro
dicendo "Moo"!
Puoi muggire come una mucca?

Scrivi la lettera mancante.
O
C
P
M _ O

I cuccioli di mucca si chiamano vitelli.
Sono piccoli e molto carini!

Anche questi animali hanno dei cuccioli!

Riesci ad abbinare questi animali ai loro cuccioli?

Elefante

Cammello

Ippopotamo

Ippopotamino

Cammellino

Elefantino

Le mucche hanno le mammelle. Dalle mammelle esce il latte per nutrire i vitelli.

Puoi contare quante mammelle ho?
1
2
3
4

Sono una
mucca da latte.
Il mio latte
viene utilizzato
per produrre
prodotti
caseari.

LATTE

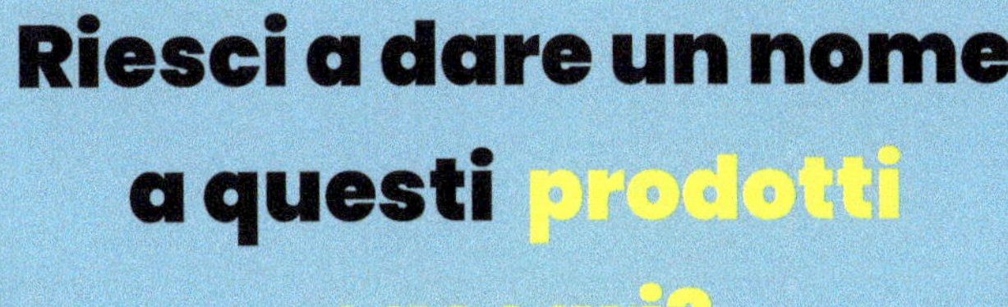

Riesci a dare un nome
a questi prodotti
caseari?
Cerchia il tuo
preferito!

YOGURT

I contadini hanno giornate intense per prendersi cura delle loro mucche.
Si assicurano che le mucche abbiano tutto ciò di cui hanno bisogno.

I contadini usano diversi oggetti nella fattoria.

Riesci ad abbinare gli oggetti della fattoria alle loro **ombre**?

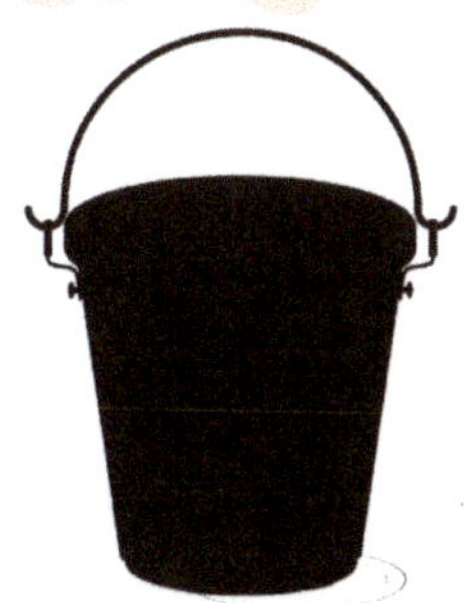

Aiuta la contadina a trovare la sua mucca!

Traccia con il dito il percorso che porta il contadino alla sua mucca.

Fai attenzione allo spaventapasseri!

Curiosità Divertenti sulle Mucche

Le mucche hanno migliori amiche e si intristiscono quando vengono separate.

Le mucche possono dormire **in piedi!**

Le mucche possono vedere a 360 gradi intorno a loro.

Quale mucca è diversa?

Riesci a individuare la mucca che sembra diversa dalle altre? *Cerchiala!*

Tempo di domande!

Qual è la cosa che preferisci sulle mucche?

Riesci a nominare due cibi che mangiano le mucche?

Qual è il tuo prodotto caseario preferito?

Congratulazioni!

Nome: ....

Per aver imparato tutto sulle

MUCCHE

e per essere diventato un
Esperto Certificato di Mucche

Jenny Kellett
Autore

ALTRI DI JENNY KELLETT

... *e molti altri!*

Scorri qui per scoprire altri libri!

Disponibile su

www.bellanovabooks.com/it

e in tutte le principali librerie online.

Ci piacerebbe avere tue notizie!

Se questo libro è piaciuto a te e al tuo bambino, ci farebbe piacere ricevere un tuo feedback!

Lasciare una **recensione** richiede solo pochi secondi e per noi fa una grande differenza.

In quanto autori indipendenti, il tuo sostegno ci aiuta a creare libri più divertenti ed educativi. **Grazie!**

Lascia una recensione

Scansionami